Du
bist der Anfang

ISBN-10 3-8334-6690-1
ISBN-13 978-3-8334-6690-8
Herstellung und Verlag: Books on Demand GmbH, Norderstedt

Autorenportrait

Evelin Sebode geb. 17.05.1951 in Duisburg.
Seit 24 Jahren verheiratet, 2 Kinder.
Nach 18 Jahren Berufsausübung widmete sie
sich überwiegend der Familie und bezeichnet sich selber als
„Familienmanagerin".
Im Laufe der Jahre hat sie mehrere Gedichte geschrieben. Auf Grund
von Beobachtungen, Erlebnissen und Erfahrungen übermittelt sie uns
Stimmungsbilder und Gefühlswelten, die sie in Zeilen
zusammengefasst hat.

Da Vorlesungen im kleinen Kreis positiv aufgenommen wurden und
immer neue Eindrücke ihre Fantasie anregen, ist bereits ein dritter
Gedichtband in Arbeit.

Du bist der Aufbruch

Aufbruch in ein neues Leben
suchen, finden und versteh'n.
Unbekannte Wege gehen
Fremdes nicht mehr überseh'n.

Neues Denken, neues Handeln
neue Einschätzung des Ich's.
Sich nicht winden sondern wandeln
brich neu auf – entdecke dich.

Du bist das Wort

Worte werden gesprochen
manchmal sind es zuviel.
Eine Freundschaft ist zerbrochen
weil niemand schweigen will.

Du bist der Mensch

Ich find' es herrlich Mensch zu sein
gemacht
aus Fleisch und Blut.
Der Mensch
er kann kein Zufall sein
dafür ist er zu gut.

Das was der Körper leisten kann
die Seele schafft
der Geist vermag
Das zeigt der Mensch sein Leben lang
mal ist er schwach
dann wieder stark.

Der Mensch ist böse oder gut
so ist's
vielleicht muss es so sein.
Der Mensch,
er ist ein Phänomen
d'rum bin ich stolz ein Mensch zu sein.

Du bist die Seele

Meine Seele leuchtet
sie strahlt vor lauter Glück.
Ich glaube an das Leben
und leb' es Stück für Stück.

Du bist das Buch des Lebens

Ich hab ein Buch hier vor mir liegen
in dem halt ich mein Leben fest.
Ich habe vieles aufgeschrieben
damit es Spuren hinterlässt.

Geschehnisse die wichtig waren
Verzweiflung wie ich sie erlebt
auch Dinge die mir Stärke gaben
und Ziele die ich angestrebt.

Das Leben, ich halt's fest mit Worten
und dieses mach' ich Tag für Tag.
Ich werde alles niederschreiben
was mir je am Herzen lag.

Du bist die Richtung

Versuche stets auf Kurs zu bleiben
geh' deine Richtung – bleib' ihr treu.
Wirst du auch manchen Schlag erleiden
behalt den Mut - es geht vorbei.

Du bist die Veränderung

Alles ändert sich im Leben
es bleibt nichts so wie es war.
Nach Tränen wird es Lachen geben
und manchmal werden Träume wahr.

Versuch' Veränderung zu lieben
denn die Zeit steht niemals still.
Du wirst dem Wandel unterliegen
weil das Leben es so will.

Du bist das Zeichen

Die Zeichen seiner Zeit erkennen
das kann der Schlüssel sein zum Glück.
Sich vom Standarddenken trennen
vorwärts geh'n und nicht zurück.

Du bist der Weg

Wege die ins Leere führen
werd' ich nicht mehr geh'n.
Ich will endlich neue Ziele
neue Hoffnung sehn.

Bis heute war ich fehlgeleitet
war nur fremdbestimmt.
Ab morgen suche ich die Wege
die die meinen sind.

Du bist die Stärke

Ist deine Seele überflutet
dein Körper ausgebrannt und leer
dann such' in dir deine Stärke
versinke nicht im Tränenmeer.

Geniess' den Wechsel der Gezeiten
lass' die Gefühle sprüh'n vor Lust
hab' an die Zukunft keine Zweifel
ersticke deinen Lebensfrust.

Du bist die Spur des Lebens

Die nur auf leisen Sohlen schleichen
nimmt man im Leben nie ganz wahr.
Lass' deine Schritte Spuren zeichnen
dann ist man sicher - Du warst da .

Du bist die Mitte

Ich suche meine inn're Mitte
den Pol der Ausgeglichenheit.
Ich will die Ruhe endlich finden
die mich vom Alltagsstress befreit.

Es ist nicht leicht sich zu entdecken
der Weg der Einkehr fällt oft schwer.
Doch mit Geduld und Selbstvertrauen
wird man ein starker Fels im Meer.

Du bist du

Die Gesellschaft will mich formen
ich darf nicht sein wie ich bin.
Leben nur nach ihren Normen
darin liegt für sie der Sinn.

Doch ich sprenge diese Ketten
dieses Trugbild - Sein und Schein.
Will nicht mit den Wölfen heulen
hab' den Mut ich selbst zu sein.

Du bist das Schöne

Lass' deiner Seele Flügel wachsen
such' das Schöne auf der Welt.
Blicke nicht hinab zum Abgrund
schau hinauf zum Himmelszelt.

Du bist das Neue

Vieles ist nach Jahren anders
denn die Zeit hat sich gedreht
doch für einen neuen Anfang
ist es im Leben nie zu spät.

Lern' den Schritt nach vorn zu wagen
lass' was gestern war zurück
Stell' dich neuen Lebensfragen
such' im Hier und Jetzt dein Glück.

Du bist die Vielfalt

Ich wünsche mir ein buntes Leben
schwarz - weiß das wäre mir zu trist.
D'rum werde ich mein Bestes geben
dass stets mein Leben farbig ist.

Du bist der Mut

Krieche nicht durch dieses Leben
gehe aufrecht – zeig' Gesicht.
Dir wird oft Gewalt begegnen
stell' dich ihr – versteck' dich nicht.

Du bist die Wärme

Gib einem Kind all deine Liebe
nimm es wärmend in den Schoß
Schenk ihm Zeit und gib ihm Nähe
so werden kleine Seelen groß.

Du bist das Licht

Du siehst nicht aus wie all die ander'n
doch ich hab dich trotzdem lieb.
Du bist ein Kind mit kleinen Fehlern
die man aus Liebe übersieht.

Nicht die Vollkommenheit des Äuss'ren
macht einen Menschen liebenswert
es ist das Leuchten aus dem Inner'n
das Licht - das uns begreifen lehrt.

Du bist der Halt

Ich liebe meine Kinder
sie waren mir stets nah
und ich war von Geburt an
immer für sie da.

Nun geh'n sie eig'ne Wege
sie führen fort von mir.
Sie geh'n mit meiner Liebe
ich bleib' verlassen hier.

Du bist die Freiheit

Dem Leben eine Richtung geben
sich lösen von dem Druck der Zeit.
Abhängigkeiten niederlegen
den Weg einschlagen der befreit.

Gewohnheiten neu überdenken
sich selbst zu lieben wird zur Pflicht.
Dem Leben neue Achtung schenken
dann wird die Dunkelheit zum Licht.

Du bist die Wirklichkeit

Versuch' die Wirklichkeit zu lieben
gib deinem Dasein eine Chance.
Lern' alle Zweifel zu besiegen,
das gibt dir innere Balance.

Du bist der Traum

Ich möcht' mich inspirieren lassen
von deiner Schönheit deinem Charme
und werde es in Worte fassen
deine Erscheinung weich und warm.

Du bist ein Sonnenstrahl am Himmel
ein klarer Stern in dunkler Nacht
Du bist ein Engel ohne Flügel
ein Traum, der täglich neu erwacht.

Du bist das Gefühl

Ich sehe deine Augen glänzen
doch es ist kein Freudenglanz
es sind die ungeweinten Tränen
die du als Mann nicht weinen kannst.

Warum willst du ein starker Held sein
der die Gefühle unterdrückt
setz' statt Verstand doch mal dein Herz ein
und lass' ein Tränenmeer zurück.

Du bist die Stimme

Es macht mir Spass ich selbst zu sein
ich mache mich nie wieder klein.
Sage deutlich was ich will
denn ich bin ich - nie wieder still.

Du bist die Toleranz

Und wenn ein Mann einen Mann liebt
akzeptier' es und zeig' Toleranz.
Verurteile niemals die Liebe
die du nicht verstehen kannst.

Du bist das Vertrauen

Und plötzlich hab' ich festgestellt
von Dauer ist nichts auf der Welt.
Ob Freud ob Leid nimm alles an
vertraue deinem Lebensplan.

Du bist die Fessel

Ich kann mich nicht befreien
die Fesseln sind zu eng
ich fühl' mich wie ein Sklave
im Dienste meiner selbst.

Mein Geist er kreiset um mich
wie Geier um das Aas
innerlich zerreissen mich die Wölfe
ich werd mir selbst zum Frass.

Ich muss zurückgewinnen
die Herrschaft über mich
und mich selbst bezwingen
im Kampfe gegen mich.

Doch fehlen mir die Waffen
d'rum schaffe ich es nie
so bleibt der Sieger die Verzweiflung
sie zwingt mich in die Knie.

Du bist das Steuer des Lebens

Versuch' im Leben zu ergründen
was wirklich wichtig für dich ist.
Lern' deinen eignen Weg zu finden
und mach' die Dinge die du liebst.

Frag nicht danach was and're denken
und werde niemals fremdbestimmt.
Du musst dein Leben selber lenken
weil's dir sonst durch die Finger rinnt.

Du bist der feste Schritt

Immer vorwärts Schritt für Schritt
zweif'le keinen Augenblick.
Hab' Vertrauen in dein Leben
denn es hat dir viel zu geben.

Du bist der Blütenduft

Mein Garten ist ein Paradies
in dem auch Träume blüh'n.
Die Zeit steht still
ich lieg' im Gras
und seh' die Wolken zieh'n.

Im Garten der Unendlichkeit
da ist das Glück zuhaus.
Betört vom Duft der Blütenpracht
sperr' ich den Alltag aus.

Du bist der Lebenskünstler

Dieses Leben überstehen
glücklich und zufrieden sein
wenn nötig neue Wege gehen
sich am Alltäglichen erfreu'n.

Schlechte Zeiten ruhig ertragen
gute Zeiten mit Genuss
Abenteuer auch mal wagen
daraus entsteht die Lebenslust.

Du bist die Weisheit

Verschwende nicht die Zeit des Alters
sie ist zu kostbar ist zu knapp.
Lebe so das jeder Tag
unendlich viel Bedeutung hat.

Such' das Gespräch mit guten Freunden
umarm' die Menschen die du liebst.
Lass' die Jungen von dir lernen
durch Weisheit die du Ihnen gibst.

Du bist der Freund

Trink' ein Glas mit guten Freunden
halte stets an ihnen fest.
Denn irgendann wirst du sie brauchen
wenn das Glück dich mal verlässt.

Du bist die Stille

Ich ziehe dich zurück ins Leben
die Zeit der Trauer ist vorbei.
Trock'ne die geweinten Tränen
ersticke deinen Seelenschrei.

Denk' zurück an schöne Zeiten
und mau're sie im Herzen ein.
Dann geh' gestärkt ins neue Leben
lass' wieder Menschen um dich sein.

Du bist die Zeit

Das Leben überleben
das wird es niemals geben.
Der Tod ist immer nah
und plötzlich ist er da.

Du bist der Glaube

Das Leben kann man nicht verstehen
man muss es leben - glücklich sein.

Wohin wir kommen wenn wir gehen
das weiss am Ende Gott allein.

Du bist die Ewigkeit

Irgendwann ist alles anders
irgendwann da fehlt die Zeit.
Igendwann da ist die Zukunft
für uns leider nur noch heut'.

Irgendwann verblühen Träume
irgendwann legt sich der Wind.
Irgendwann wirst du erleben
dass die Ewigkeit beginnt.

Du bist die Jugend

Jünger warst du früher
sieh das doch endlich ein
man kann nun mal nich t immer
jung und hübsch nur sein.

Auch Falten haben Chancen
auch Reife ist gefragt
und heute macht dein Wissen
dich selbstbewusst und stark

Vergiss den Traum der Jugend
bau auf Stabilität
bleib' jung in deinem Denken
und du wirst seh'n - es geht.

Du bist der Spieler

Und immer weiter geht das Leben
die Zeit steht nie für alle still.
Kämpfst du auch heut ums überleben
das geht vorbei - so läuft das Spiel.

Du bist nicht das Ende.

(Es bleibt offen)